Oliverio GIRONDO

Imágenes en vuelo
Poemas inéditos

Fotografías de
Eduardo Longoni

LOSADA   NOBEL

Primera edición: febrero, 2004

© Eduardo Longoni, 2004

© EDITORIAL LOSADA, S.A.
  Moreno, 3362
  BUENOS AIRES (1209), Argentina
  Calleja de los Huevos, 1, 2.º izda.
  33003 OVIEDO
  www.editoriallosada.es

© EDICIONES NOBEL, S.A.
  Ventura Rodríguez, 4
  33004 OVIEDO
  www.ed-nobel.es

Selección de fotografías y guión: Eduardo
Longoni.
Los textos del libro fueron compilados por
Susana Lange

Fotografías: Eduardo Longoni
Las fotografías de época de Oliverio Girondo
pertenecen a la colección de Susana Lange

Diseño: Gustavo Lo Valvo y Natalia Spindler

ISBN: 950-03-9303-4
Depósito legal: AS-202/2004

Impresión: Gráficas Summa, Llanera (Asturias)

Siempre tuve un temperamento
prudente y sin embargo
deseaba ser sincero,
no por convicción sino tan solo
porque me parecía lo más
entretenido...

Desde *Veinte poemas para ser leídos en un tranvía* (1922) a *En la masmédula* (1956), Oliverio Girondo llevó a cabo una de las mayores aventuras de la poesía en lengua castellana. El juego con la imagen brillante y la irreverencia en un principio, un desolado rastreo en la incertidumbre más tarde y finalmente la reelaboración bullente y desquiciada de las posibilidades de la lengua son los principales rasgos de una obra que, a más de un cuarto de siglo de la muerte de su autor, vuelve a nacer ante los ojos de quien quiera leerla. Y que además implica una actitud: creativo, burlón, desafiante, lúcido, abierto a muy diversas dimensiones de lo humano, ese Girondo no sólo está presente en los seis libros que publicó, sino también en una serie de poemas que escribió en distintos momentos de su trayectoria y que hasta ahora permanecían inéditos o sólo habían aparecido en diarios. Este volumen los reúne por primera vez.

Puede decirse, por lo tanto, que este es un nuevo libro de Oliverio. Pero también es algo más: el peculiar espacio que se produce en el encuentro entre los poemas y el mundo del poeta, tal como lo presentan las fotos que reunió Eduardo Longoni: rastros atesorados para dar cuenta de una presencia singular. Ni las imágenes ilustran lo que dicen las palabras, ni las palabras explican las imágenes, sino, más bien, entre unas y otras se abre un espacio en el que vaga, incansable, el espíritu de Girondo.

DANIEL FREIDEMBERG

Oliverio Girondo y Norah Lange de visita en Chile, adonde viajaron para festejar los cincuenta años de Pablo Neruda. 1954.

...¡Aplaudan! ¡Aplaudan!... hasta llagarse la planta de los pies... el ímpetu que hace estas páginas tan jugosas como empanadas... Aunque, a su lado la literatura mundial resultará PAZ Y MANTECA, no vayan a suponer que la agresividad constituye lo que podría llamarse EL VERDADERO CARACÚ DE MI ESTÉTICA... Expuesto a todas las corrientes ¡de aire! Telúrico e ideológico... el insulto, mi palabra de honor, es incapaz de estimular la secreción de mis senos frontales.

Mendoza, Argentina.

Paseo

Las ruedas
ya ni rozan
el sendero.
A mi paso
aletean
los sombreros.

Voy en coche
ligero.

Han muerto
los caballos,
el cochero.
Al galope
me llevan
los plumeros.

Voy en coche
ligero.

De blanco,
muy contento,
con mis huesos,
sobre campos,
perdido
en pleno cielo.

De una nube,
a otra nube...
¡Qué paseo!

Voy en coche.
¡Ligero!

Oliverio Girondo,
en su juventud.

Vallegrande, Bolivia.

Por tierras y por mares

Por tierras y por mares,
dando vueltas,
rodando,
entre muelles y sombras,
taciturno, en silencio,
cantando,
de una boca a la otra,
extasiado,
llorando,
he perdido la vida,
no sé dónde,
ni cuándo.

¿Dónde? ¿Adónde?
¿Quizás tras la plegaria?
¿Armando el engaño?
¿Entre alargados alfileres?
¿En la duda, la angustia?
¿La alta fiebre?

Horn, Holanda.

Oliverio Girondo, Olga Orozco y Norah Lange en el muelle de La Recalada, su casa en el Tigre.

*Oliverio Girondo y Norah
Lange, durante un paseo en
lancha en el Tigre.*

Las ideas

A pesar de tener formas tan perfectas, mis ideas no tienen ningún inconveniente de acostarse con ustedes...

Oliverio Girondo, en la rambla de Mar del Plata.

Perpiñán, Francia.

Dios

Estoy en condiciones de afirmarlo.

Dios sabe elegir sus amistades y conocer,
perfectamente bien a las personas en quien se puede fiar.

A veces las cosas hablan en voz baja.
El silencio, poco a poco,
forma un remanso alrededor de una silla,
de un picaporte, inmediatamente
su realidad es una realidad distinta,
a la vez más impenetrable y más desnuda.

Mentíamos ante una cara tan simple
como ante algo sobrenatural
y sin saber porque sentimos deseos de arrodillarnos.

Entonces es cuando la voz
comienza a ser inteligible
y si le prestamos la atención que merece,
comprendemos lo que nos dice.

A mí al menos, los objetos que me hablan con frecuencia son las
perillas.

Aunque su voz tiene una opacidad de madera
su tono es tan rotundo.

Me elige, naturalmente como confidente
y me dice todo lo que hace,
lo que ha hecho,
lo que es.

Dios sabe elegir sus amistades.
¡Tiene tanta experiencia!...
A veces nos pasamos las horas charlando
sobre cualquier cosa y
como me tiene una confianza ilimitada,
me hace toda clase de confidencias.
A veces lo pongo en cada aprieto.

México D.F., *México.*

*Oliverio Girondo, Norah
Lange y Conrado Nalé Roxlo,
entre otros, agasajan a
Federico García Lorca
(sentado en primera fila) tras
el estreno de* BODAS DE SANGRE
en Buenos Aires. 1933.

...Conozco la desesperación y el orgullo de no haber encontrado nunca nada donde agarrarme... ¡La vida ha sido siempre conmigo de una bondad tan despiadada...! Todo me ha ofrecido... hasta ese orgullo que da la certidumbre de que bastaría que me lo propusiera para llegar a donde me diera la gana... en plenitud que es en realidad un vacío enorme...

Buenos Aires, Argentina.

34

Venecia, Italia.

Aldea

Los caminos llegan
cansados de divagar
bajo los árboles...
Caras hechas de cal
y de tranquilidad.
Chimeneas con caligrafía de paisano.
Zaguanes donde el silencio canta
con voz de moscardón.
El sol entra en los cuartos de las mujeres
los colchones asoman sus nalgas a las ventanas
y todo se impregna
de un olor sencillo a intimidad.
Las viejas tejen con ademanes de insecto
mientras las gallinas escarban y picotean el suelo.
Dios está
en las pupilas de un muro
en las hierbas que crecen entre los adoquines
en un árbol que saca un brazo sobre una tapia
sin atreverse a acariciar la calle dormida.
Tendidas
como ropa recién lavada
las nubes tienen el color de los ángeles que revolotean
vestidos de paloma.
En la calma estancada
las voces resuenan
como en el fondo de los aljibes
y a través de un zumbido de siesta y de oraciones
se oye la canción de ciego que el río
entona bajo el puente...

Perpiñán, Francia.

Disfrazados, Xul Solar, Pablo Neruda, Oliverio Girondo y Conrado Nalé Roxlo, entre otros, celebran la publicación del libro 45 DÍAS Y 30 MARINEROS, de Norah Lange. 1932.

Playa

Aprisionado en la bahía
El mar lame y bosteza
Su aburrimiento de león
Sobre la arena...
Violines, violines y mermelada.

Pinamar, Argentina.

Las mujeres

Solamente las mujeres son capaces de limar nuestras aristas a fuerza de dulzura, de habilidad y de paciencia... y dejarnos la ilusión de que no nos arrastran como a un canto rodado...

Provincia de Buenos Aires,
Argentina.

...En realidad no conozco absolutamente nada de mi vida... las opiniones no tienen ni la menor importancia: cuando el que las maneja demuestra cierta habilidad, el juego puede resultar... es un malabarismo como cualquier otro...

*Oliverio Girondo, en la
biblioteca de su casa, en la
calle Suipacha.*

Oliverio Girondo y Norah Lange en el patio de su casa, en la calle Suipacha, durante una fiesta con familiares y amigos.

Hay que darles

Por vertebrados temporales
hay que darles en los asuetos
con el tesón de lo impertérrito
por palpitantes unisexuados
super opacos
hay que darles en sus calvarios y en los tugurios
de sus instintos
darles y darles
por sepulcrales
y ciudadanos recalcitrantes
en las esperas y en los encuentros
por tan políticos y tan locuaces
y sobre todo por existentes
y por peatones multiporosos
en los entreactos en plena danza
hijos de madre y hasta de padre
en los declives y a montones
hay que darles por corruptibles.

52

Chubut, Argentina.

Velorio

La muerte aceita los ojos de los deudos
Y los goznes de la puerta de calle...
La levita de los porteros
Tiene corte de féretro.

Aracataca, Colombia.

¿Sonríes?

¿Sonríes... porque la primavera tiene las piernas verdes... y no son las teteras sino los cocodrilos quienes ponen huevos?

¿Sonríes porque los muertos que todavía no han intimado con la muerte sonríen al comprobar que se les ha dormido todo el cuerpo y no pueden moverse, a pesar del cosquilleo que les va carcomiendo la yema de los dedos y les recorre las mejillas como un lento y continuado llanto de arena...?

¿Sonríes porque los prestamistas exprimen a los capitales?

¿Sonríes porque los pianos sonríen... cuando las moscas que han asistido a todo no sonríen... y se lavan las manos?

¿...O es que sonríes porque los hipopótamos sonríen mientras el oso fornica con la osa?

Oliverio Girondo.

Un rayo de luz en el misterio

"Durante el primer trimestre del año,
en enero han desaparecido 4.789 mujeres".
"Noticia publicada en diferentes diarios de la capital".

¡Claro! No toman ninguna precaución,
cometen todas las imprudencias imaginables.
¡Son de una temeridad!... ¡De una inconciencia!...

Con toda tranquilidad,
sin el menor reparo se asoman,
de noche a las azoteas,
sin fijarse en la sombra de los resumideros,
sin advertir, tan siquiera el momento
en que los ruidos se sacan los botines
para subir las escaleras, ni el instante en que una
lámpara se arroja en la oscuridad.

Como si fuese la cosa más natural del mundo,
no se les ocurre comprobar, antes de ir a acostarse,
si la caja de los alfileres está cerrada
y aunque los minutos se claven
entre las flores de la alfombra,
no se les ocurre que puede ser muchísimo más peligroso
desnudarse entre los brazos de ciertos sillones,
que dormir en compañía del más ardiente de los braseros.

Aunque parezca mentira,
cuando salen al campo,
respiran el atardecer a través de los eucaliptos,
sin detenerse a calcular la metamorfosis
que se trama en un instante.
Un sapo podría mirarlas horas enteras sin pestañar.
Y un árbol agitaría sus brazos desesperadamente.
Ellas son muy capaces de acostarse en el pasto
y quedarse dormidas...
No desconfían ni tan siquiera del amarillo,
no admiten que el camisón las espera con los brazos abiertos.
Son capaces de mirar una ventana aunque tenga el más fuerte
reflejo.

Notan la tos de las cortinas,
y se acercan a las lámparas sin ninguna precaución.

Les dan de comer a los cisnes,
como si no se conociera desde hace siglos
las costumbres y moralidad de esos palmípedos.

Manuscrito de
Oliverio Girondo.

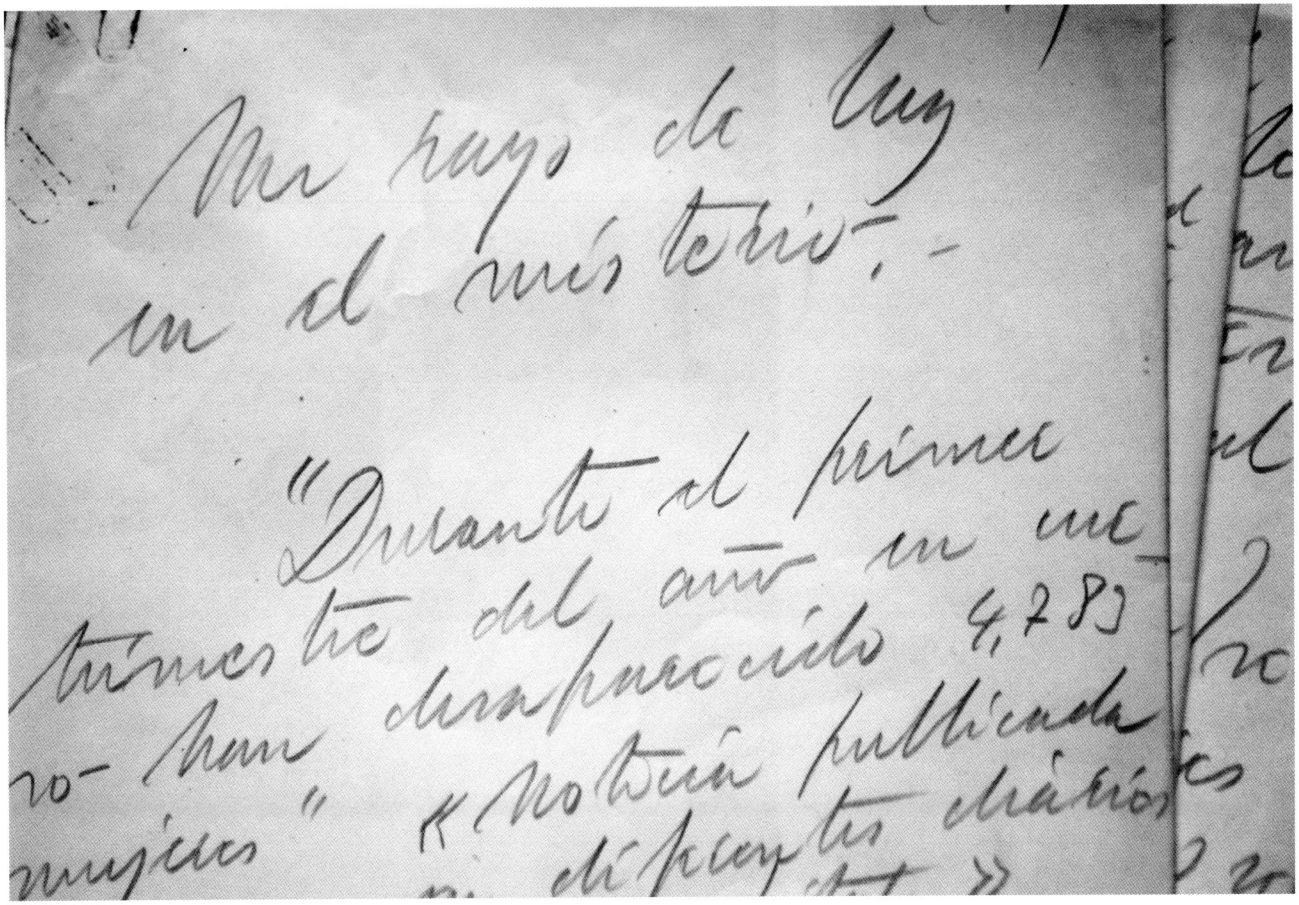

Un rayo de luz
en el misterio.-

"Durante el primer
trimestre del año en cur-
so han desaparecido 4.783
mujeres" «Noticia publicada
en diferentes diarios»

Buenos Aires, Argentina.

Atardecer

La tarde, en mí, se muere entre ladridos,
sin rostro ya, ni luz, ensimismada,
diluida, al fin, en ritmo ensombrecido,
en mustia soledad, su voz latente,
dentro de mí, quizás, hecha latido
junto a la oscura calma, sin orillas,
que en acallado mar, inexistente
anega con su oleaje de sigilo,
tan lucida agonía y de tanta muerte...
acaso en mí también, y en la penumbra,
que humilde y resignada se arrodilla
ante la vocación evanescente
de este fugaz instante ya perdido,
perdido, ¡Sí!, perdido para siempre.

San Juan, Argentina.

*Festejos por la boda de
Oliverio Girondo y Norah
Lange. 1943.*

Nocturno

Mientras releo:
este confuso cielo,
esos rostros de cal
y sombra viva,
ese duende rumor con paso de agua,
alguna muerte amiga,
y te pronuncio y te repito: lluvia,
¿desde que tiempos
y que vida antigua?
una desierta voz
—casi de lluvia—
cruza la altiplanicie de los sueños
—como un eco perdido que se apuna
y tropieza entre sombras y cae muerto—,
al repetirse y repetirte lluvia...
mientras releo:
la claustral costumbre
de aquel árbol sin alas,
el atónito andar de algún recuerdo
recién resucitado,
o la ansiedad abierta de estas manos,
en vez de decir: nada.

Pilar, Argentina.

La Habana, Cuba.

Friso

La ternura del pasto.
La distancia.
El campo...
¡Todo el campo!
Era para la dicha tumultuosa
de los caballos blancos.

Como una arisca nube desbocada,
desde el amanecer se les veía
llegar del horizonte
y enardecer la calma y la llanura
con sus alegres crines delirantes,
con sus ancas de espuma.

Pero no bien la noche iluminaba
las primeras ventanas,
a orillas de su luz se arrodillaban,
y una mano en el pecho ensombrecido,
todos juntos,
lloraban.

No sé, qué doloridas remembranzas
despertaba en sus pechos el crepúsculo,
ni si al llegar la noche presentían
que la muerte también, los esperaba,
pero era triste verlos,
allí cerca,
—como un friso viviente y funerario—
inmóviles y blancos,
de rodillas,
todos juntos,
llorando.

...Jamás he creído en el diálogo: Nadie es capaz de contestarnos.
Cada uno tiene su vocabulario, que cambia según la temperatura y la digestión.

París, Francia.

Índice

Los poemas fueron transcritos tal
como fueron hallados en los escritos
de Oliverio Girondo.